Círculo Rojo

TENER UNA ACTITUD ASERTIVA **NO** ES FÁCIL
ALGUNOS FACTORES CONDICIONANTES

TENER UNA ACTITUD ASERTIVA NO ES FÁCIL

ALGUNOS FACTORES CONDICIONANTES

GLORIA GÓMEZ ARANZAZU

Círculo Rojo
EDITORIAL

Primera edición: enero 2024

Depósito legal: AL 3660-2023

ISBN: 978-84-1199-997-7

Impresión y producción: Editorial Círculo Rojo

© Del texto: Gloria Gómez Aranzazu
© Maquetación y diseño: Equipo de Editorial Círculo Rojo

Editorial Círculo Rojo

www.editorialcirculorojo.com

info@editorialcirculorojo.com

Impreso en España - Printed in Spain

A Pedro.
Mi refugio seguro, siempre.

«Y mientras llega la muerte, se sigue escribiendo la vida».

GLORIA GÓMEZ

ÍNDICE

PREÁMBULO 13

PARTE I
VULNERABILIDAD 17
INSTINTO DE SUPERVIVENCIA Y MUERTE: TEORÍA DE UN EQUILIBRIO VITAL,
DE LA FRAGILIDAD A LA FORTALEZA 19
LA NECESIDAD DE APROBACIÓN Y TEMOR AL ABANDONO, UN MIEDO ARCAICO 29
RESPONSABILIDAD Y AYUDA: ¿DÓNDE ESTÁN LOS LÍMITES? 35

PARTE II
LAS PECERAS 39
ENTORNO, FAMILIA Y COMUNIDAD 41
LAS EXPECTATIVAS Y EL PRECIO DE DEFRAUDAR 45

PARTE III
ASERTIVIDAD. MODELO DE LAS OCHO ACTITUDES 47
MODELO DE LAS OCHO ACTITUDES 49
ASERTIVIDAD 53
ALGUNOS IMPRESCINDIBLES PARA TENER UNA ACTITUD ASERTIVA 55
LAS OCHO ACTITUDES 59
LAS ACTITUDES DEVOTA, ABNEGADA Y SUMISA 61
LA ACTITUD PASIVO-AGRESIVA 65
LA ACTITUD ASERTIVA 67
LA ACTITUD AGRESIVA ENCUBIERTA 69
ACTITUD AGRESIVA 73
ACTITUD VIOLENTA 75

LAS OCHO ACTITUDES REFLEJADAS EN PERSONAJES...77

ALGUNAS PREGUNTAS ÚTILES PARA HACERNOS UNA IDEA DE NUESTRA ACTITUD.......81

¿POR QUÉ PARA ALGUNAS PERSONAS ES TAN DIFÍCIL
ADOPTAR UNA ACTITUD ASERTIVA?...83

COMO COLOFÓN **85**

SOBRE MÍ Y ESTA OBRA **89**

REFERENCIAS BIBLIOGRÁFICAS **91**

PREÁMBULO

Es un hecho que **vivimos en un entorno físico**. Es un hecho que en mayor o menor medida **vivimos en comunidad**, vivimos con otras personas y, más menos, nos necesitamos las unas a las otras. Es un hecho, no tan obvio para algunas personas, que **tenemos derecho a gobernar nuestra vida**, a hacer las cosas a nuestra manera.

Estos tres hechos que son inseparables se influyen y confluyen. Conjugarlos, equilibrarlos, es tarea ineludible que forma parte de nuestra existencia.

Voy a llamar *actitud* a la manera de estar, de comportarnos, de hacer las cosas en las diferentes situaciones que afrontamos. Tradicionalmente nos han hablado de tres estilos o actitudes: **actitud pasiva, actitud asertiva y actitud agresiva.** Son términos utilizados para describir los comportamientos que tenemos las personas.

Después de profundizar y reflexionar sobre el tema de la asertividad, quiero presentar un nuevo planteamiento en el cual propongo ocho actitudes en lugar de tres. Se trata de desplegar estas tres categorías iniciales en otras con detalles más precisos, resaltando ciertos matices fundamentales.

Sugiero hablar de **actitud devota, actitud abnegada, actitud sumisa, actitud pasivo-agresiva, actitud asertiva, actitud agresiva encubierta, actitud agresiva y actitud violenta**. Estas actitudes, las cuales expondré en las últimas páginas de este libro, varían entre ellas en la fuerza que empleamos en las transacciones que realizamos con el medio y con las demás personas. Transacciones por lo demás necesarias para satisfacer nuestras necesidades físicas y psicológicas.

Varían también en la confianza que otorgamos a la otra persona, en la confianza que tenemos en nosotras mismas, en nuestro sentido de vulnerabilidad y en el peso que les damos a los derechos de las personas implicadas en el encuentro.

Este texto está estructurado en 3 partes. En la primera, que lleva como título *Vulnerabilidad*, doy una explicación de algunos asuntos existenciales, factores que condicionan en gran medida las actitudes que cada persona adopta a la hora de resolver la vida. Cuando tenemos en cuenta estos factores, se suele relajar la exigencia que solemos tener sobre nosotras y sobre las demás personas. Creo que, una vez terminado de leer el libro completo, este apartado cobra sentido.

En la segunda parte, denominada *Las peceras*, hago referencia al entorno en el cual transcurre nuestra vida. En esta parte trato de poner en perspectiva algunos puntos importantes que actúan de fondo e influyen en la realidad familiar y social, realidad que estampa su sello en las actitudes que adoptamos.

Y en la tercera parte, que es la final, desarrollo y expongo las ocho actitudes planteadas en este mismo preámbulo.

Se me hace necesario destinar la primera parte del libro a hablar de esos aspectos elementales (no por ello evidentes), tanto para esta cuestión como para muchos otros asuntos humanos.

Aunque este libro esté escrito en este orden, también se puede leer cada una de estas tres partes por separado y en el orden que se desee. Lo que me resulta más interesante es que pueda ser leído íntegramente para que tengamos una mirada más amplia sobre lo complejo que es el mundo humano.

No me quiero limitar solo a describir en qué consiste la asertividad, cuáles son las características que definen cada uno de los estilos o dar sugerencias sobre cómo actuar de manera más asertiva. Me gustaría dar pistas para comprender por qué son así las cosas, hablar de algunos elementos que intervienen en las dificultades que tenemos para conseguir ser asertivas, revisar por qué unas personas nos inclinamos hacia unas actitudes y no tanto hacia las otras.

Por mi orientación humanista y existencialista, suelo indagar en las raíces de los temas humanos; la asertividad ha sido uno de esos temas que han suscitado mi interés. Quiero compartir aquí algunas cuestiones interesantes que me han servido para tener una mejor comprensión del tema, a la vez que me han servido para reafirmarme en la idea de que los temas humanos son complejos y que aún nos queda mucho por comprender.

PARTE I
VULNERABILIDAD

INSTINTO DE SUPERVIVENCIA Y MUERTE: TEORÍA DE UN EQUILIBRIO VITAL, DE LA FRAGILIDAD A LA FORTALEZA

De humanidad y vulnerabilidad estamos hechas las personas.

VULNERABILIDAD

Si vivir es el objetivo final de todo ser vivo, es obvio que tengamos mecanismos y herramientas que nos permitan cumplirlo. Pero tener estos mecanismos significa que también afrontamos dificultades y peligros que tenemos que eludir para poder llevarlo a cabo.

La vulnerabilidad se define como la capacidad que tenemos de prevenir, resistir o sobreponernos a un impacto. Es evidente que esa capacidad cambia, no es invariable. Las vicisitudes de la vida, por ejemplo, a veces nos fortalecen y otras nos desgastan. Asimismo, cuando la salud tanto física como emocional flaquea, la vulnerabilidad aumenta.

Sabemos que somos rompibles, que podemos o pueden hacernos pedazos, física y emocionalmente. La resistencia a los golpes de la vida refleja si estamos más frágiles o más fuertes. Con mayor o con menor consciencia sabemos que no somos invulnerables. Muy a nuestro pesar, ser vulnerables es parte de nuestra condición humana, y lo sabemos. Esta certeza de ser destruibles está siempre presente, aunque la mayor parte del tiempo de forma inconsciente.

La vulnerabilidad es el resultado de la fuerza del impacto, si es esperado o inesperado, la resistencia del organismo para soportarlo y de la capacidad de recuperarse del mismo.

La capacidad de recuperación está influida por los medios personales, materiales y de apoyo con los que se cuente.

CERTEZA DE MUERTE

Las personas tenemos una gran certeza: la muerte. Una de las facultades humanas es la de ser conscientes, lo que nos hace saber que la muerte existe. Todas sabemos que vamos a morir. Si no lo supiéramos, no nos sentiríamos vulnerables. Es una certeza que, al igual que el instinto de supervivencia, actúa de fondo; habitualmente no está en primer plano, pero tiene una gran centralidad.

INSTINTO DE SUPERVIVENCIA

Genéticamente, contamos con una facultad de autoprotección, a la que llamamos *instinto de supervivencia*. Me gustaría que lo veamos como un sensor de altísima precisión que lee, evalúa y analiza el entorno, detecta los posibles peligros que atentan contra nuestra seguridad e integridad, y, en último término, contra nuestra vida. Es esa capacidad de actuar automáticamente frente a los peligros, las amenazas y las agresiones.

Simultáneamente, regula las respuestas que adoptamos ante una situación peligrosa.

Básicamente utilizamos cinco alternativas de respuesta:

- Permanecer: concluimos que ante el peligro que tenemos delante es mejor no moverse para despistar, esperar a que el peligro pase o para «no despertar a la bestia».
- Atacar: cuando identificamos que tenemos las fuerzas suficientes para defendernos, entramos en combate.
- Huir: una vez que analizamos la amenaza, vemos que es demasiado grande, sabemos que es mejor ponerse bajo cubierto y lejos del alcance del peligro.
- Evitar: generalmente, cuando dudamos de la capacidad de afrontamiento, rehuimos ciertas situaciones. Por ejemplo, alguien que no sabe nadar evita entrar en aguas profundas.
- Pedir ayuda: cuando sentimos que nuestros recursos no son suficientes, que tenemos el peligro encima, que no podemos huir, nos queda apelar al socorro de otras personas, que nos brinden asistencia, ayuda y protección. O que nos ayuden a recuperarnos de la agresión sufrida.

El instinto de supervivencia almacena en una gran base de datos lo que vamos viviendo como amenaza, recopilando información para el sistema de alerta, guardando gran parte de esta información en la memoria sensorial.

No contemplo explicar las bases neurofisiológicas y neuroanatómicas de este mecanismo, pero sí voy a decir que las neurociencias, como la neurobiología o la psicofisiología, cada vez reúnen más conocimientos de cómo actúa la bioquímica y biofísica cerebral, y de cómo se desenvuelve un organismo humano en su entorno. Una teoría muy interesante es la teoría polivagal de Stephen W. Porges.

Como organismo vivo, la especie humana tiene un componente físico, fisiológico, y otro que es psicológico. Este texto ofrece una visión más orientada al componente psicológico.

ILUSIÓN DE INVULNERABILIDAD

Los medios de protección mencionados hasta ahora se ponen en marcha cuando nos encontramos directamente con el peligro. No obstante, siempre hay peligros latentes, inesperados. Vivir constantemente con la certeza de la muerte y vigilar estos peligros latentes sería algo insoportable. Contamos entonces con este mecanismo que amortigua el miedo y la falta de control.

La Ilusión de invulnerabilidad es psicológica, en parte relaja el instinto de supervivencia. Nos facilita poner distancia emocional para evaluar los riesgos y las amenazas, y relativizarlos. Favorece la sensación de control, la autoconfianza, la esperanza y el optimismo.

Es ilusión porque creemos que tenemos menos riesgos que las demás personas; que en igualdad de condiciones a la otra persona puede pasarle, pero a nosotras no; que estamos en mejores condiciones que las otras aunque esto no sea así. Inconscientemente creemos que algo nos hace diferentes y ese algo es una garantía de protección.

La ilusión de invulnerabilidad es variable a lo largo de la vida. Con el paso de los años, acumulamos experiencias y conocemos más cómo funciona el mundo, esto de «más sabe el diablo por viejo que por diablo». Estos conocimientos nos permiten valorar mejor las posibilidades y en general rebajan esta ilusión de invulnerabilidad. Podemos ver como las personas adultas suelen aconsejar a las más jóvenes y ponerlas sobre aviso, tienen más experiencia y quieren protegerlas, aunque estos consejos muchas veces no son bien recibidos.

Es otro de estos mecanismos que tienen una gran complejidad, que nos facilitan la vida, pero que por muchas circunstancias también pueden perjudicarnos. En este caso, una falsa ilusión de control puede llevarnos a minimizar las amenazas o a sobrevalorar nuestra capacidad de afrontamiento, algo que sucede con frecuencia en la adolescencia y mucho más en la época actual, en parte por el exceso de exposición a experiencias virtuales (video juegos), a veces no saben cuáles son las consecuencias reales de los actos.

Para amortiguar este peso, también usamos el humor, el amor, la fe, el control, el perfeccionismo, la ilusión de un mundo justo, entre otras.

ESQUEMA DE LA VULNERABILIDAD

Me ha parecido interesante representar las relaciones de algunos elementos fundamentales con un esquema que nos permita visualizarlas:

Con el círculo verde represento el instinto de supervivencia. Con el amarillo, la certeza de muerte.

Estos dos círculos vierten su contenido en el rectángulo, representativo de la vulnerabilidad.

La figura humana que sostiene estos elementos es la persona. En este caso se apoya en un solo pie, representando que algunas veces el autoapoyo está mermado y representando también la variabilidad de nuestras capacidades según el momento vital y la situación que afrontamos.

La persona carga sobre sí su vulnerabilidad; según las circunstancias del momento, es mayor o es menor, podemos sentirnos más frágiles o más fuertes. Sobre la vulnerabilidad pesa el instinto de supervivencia y la certeza de la muerte.

HUMANIDAD

Coloquialmente usamos la palabra *humanidad* para referirnos al conjunto de personas que habitamos el planeta, pero también utilizamos los términos *ser humano, tener humanidad, ser inhumano, inhumana, naturaleza humana*. Y en estas expresiones toman centralidad esas características, que, aun siendo redundantes, nos hacen ser humanas.

Al hablar de humanidad, creo que fundamentalmente hablamos de nuestra capacidad de tener sentimientos: miedo, tristeza, enfado, alegría, amor. De la capacidad de vincularnos con las demás, de ayudarnos y cuidarnos las unas a las otras, de emocionarnos, de conmovernos, de comprendernos, de sentir compasión y eso que llamamos *empatía*. De sentir el dolor físico y emocional.

Los vínculos, las relaciones con las demás personas nos hacen sentir que la pesada carga vital es más liviana, más llevadera. Como dice el refrán: «Las penas compartidas son menos penas».

Dicen las personas expertas que el ser humano es un animal social. En general, vivimos en comunidad, nos hemos organizado en sociedades donde se supone que podemos contar las unas con las otras, donde la unión hace la fuerza para bregar con la vulnerabilidad y seguir manteniéndonos vivas.

Para todo esto contamos con el apego, otro mecanismo genético, que nos impulsa a ayudar, a ser solidarias y procurar el bien de quienes son como nosotras.

La certeza de ser vulnerables produce un gran miedo en nosotras; sin embargo, la sensación de afecto, de apoyo, de aceptación, de protección mitiga este miedo, pues, al poder contar con otras personas, nos sentimos menos vulnerables, somos más resistentes a los impactos que nos pueden dañar o destruir, nos sentimos a salvo.

La vida en compañía de otras personas nos procura un entorno que, en principio, se vuelve más seguro.

Añado entonces al diagrama otras figuras humanas, situadas a cada lado de la persona que representa el yo; son las demás personas que prestan apoyo, ayuda.

Todas las figuras humanas están posadas sobre una línea verde que se extiende formando un recuadro, delimitando el entorno cercano, el cual procuramos que sea seguro, dentro del cual, con unas buenas condiciones, todo este complejo mundo de la supervivencia es más llevadero.

Represento también la ilusión de invulnerabilidad, con otro recuadro en azul claro que envuelve la vulnerabilidad, aligerando su peso.

Con un instinto de supervivencia estresado, la ilusión de invulnerabilidad mermada, un riesgo de muerte palpable, un entorno inseguro, con pocos apoyos disponibles, las exigencias de la realidad diaria (recuadro marrón claro) y un yo frágil, el panorama puede ser desolador y la vulnerabilidad insoportable.

Esto mismo, con el apoyo de otras personas, que nos ayudan a soportar todas las pesadas cargas, aligera nuestra sensación de vulnerabilidad y favorece que encontremos salidas a nuestros problemas.

Sintetizando, las proporciones de cada uno de estos elementos nos hablan de las circunstancias de cada persona y del coraje que necesitamos para seguir viviendo.

LA NECESIDAD DE APROBACIÓN Y TEMOR AL ABANDONO, UN MIEDO ARCAICO

Una especificidad humana es que requerimos de mucho tiempo y maduración para desarrollar nuestras facultades.

Empezamos siendo un par de células, óvulo y espermatozoide, y llegamos a ser un organismo complejo, con unas capacidades excepcionales.

Las formas de afrontamiento del peligro también necesitan de tiempo y desarrollo. Podemos observar que siendo personas adultas físicamente tenemos a nuestra disposición las cinco formas de respuesta: permanecer, huir, atacar, evitar y pedir ayuda; sin embargo, en la infancia estas capacidades están mermadas o son inexistentes.

Siendo bebé, en la cuna, solo se cuenta con permanecer y pedir ayuda; no hay manera de atacar, huir o evitar. Por suerte, el mecanismo de apego hace que la vulnerabilidad despierte nuestra ternura y tengamos el impulso de proteger a las personas desfavorecidas, especialmente a las más pequeñas, lo que nos hace ofrecer respuestas de ayuda. Aun así, la respuesta a la petición de ayuda a menudo no está disponible inmediatamente y el tiempo de espera es vivido con estrés.

El mayor miedo que tenemos como especie es sufrir una agresión que nos destruya y nos impida continuar viviendo.

Desde el momento de nacer, tenemos experiencias en las que sentimos que la vulnerabilidad se apodera de nosotras y sentimos un gran riesgo de ser destruidas, afrontamos muchas situaciones que nos asustan. Contar con otra persona más grande que nosotras, que nos proteja, que nos dé consuelo, calma nuestro miedo. Sin embargo, todas estas experiencias van quedando grabadas en nuestro recuerdo sensorial y hacen que la interdependencia humana cobre relevancia.

Avanza el tiempo y con él el desarrollo, evolucionan nuestras capacidades y sumamos experiencias, recopilamos información sobre el mundo y acumulamos conocimientos.

Cuando somos capaces de movernos por nuestra propia cuenta, es más fácil poder escapar. Cuando los músculos se hacen fuertes, podemos atacar. Cuando conocemos más el entorno, podemos anticipar los peligros y evitarlos. Cuando el peso de nuestra vulnerabilidad es ayudado a sostener por un apoyo respetuoso y sincero de otras personas, es como si hiciera el efecto de que todo lo malo se quedara fuera. Tenemos la sensación de estar protegidas, de que no estamos solas ante el dolor o el peligro.

Gracias a la total indefensión inicial y a la extrema vulnerabilidad de nuestros primeros años de vida, sabemos por experiencia propia que la ayuda de las otras personas puede ser lo que nos salve la vida.

Si el entorno nos aprueba, será más fácil que nos acepte; si nos acepta, será más fácil que nos quiera (afecto); si nos quiere, será más fácil que nos apoye, nos brinde seguridad y protección; he aquí por qué para las personas cobra tanta importancia la aceptación de las demás.

Queremos pertenecer, queremos que no se nos expulse, tememos que puedan hacerlo.

- … me rechazan?
- … piensan que soy mala persona?
- … parezco una persona tonta?
- … me siento impotente?
- … me humillan?
- … me castigan?
- … me abandonan?
- … la necesidad de lo que me da la otra persona es muy grande y lo pierdo?
- … me dicen que no?
- … fracaso?
- … hago el ridículo?
- … me critican?
- … no me sé explicar o me expreso mal?
- … soy egoísta?

QUEREMOS SENTIRNOS A SALVO

Como especie, tenemos algunas necesidades psicológicas indispensables para desarrollarnos saludablemente.

Necesitamos existir tanto físicamente como ser individual, ser una misma, hacer las cosas a la manera que nuestros impulsos naturales nos dicten. Si soy una manzana, ser una manzana y desarrollarme con todas las potencialidades de manzana, no intentar ser un plátano, puesto que esto tiene una factura psicológica.

Para poder desarrollarnos, necesitamos sentirnos seguras, necesitamos que nuestro entorno sea amable, que no sea hostil, mantener una distancia de seguridad de lo que amenaza nuestra supervivencia física y psicológica, y así poder ocuparnos de seguir creciendo.

Podemos entender la seguridad como la ausencia de peligro o riesgo, la sensación de total confianza en algo o alguien.

Necesitamos sentirnos protegidas, tenemos consciencia de las amenazas, podemos sentirnos o ser pequeñas frente a ciertos peligros. Contar con un refugio es indispensable para la protección física, "necesitamos un nido donde resguardarnos". Para la protección emocional, necesitamos que los brazos de otra persona nos protejan.

Necesitamos que nos amen. Cuando amamos, queremos proteger eso que es amado, haremos muchas cosas para proveerle seguridad y bienestar. Cuando sentimos que nos aman, sabemos que la persona que nos ama estará con nosotras y que no estaremos solas, que le importamos.

Para que nuestro instinto de supervivencia relaje los mecanismos de defensa, se hace indispensable tener la sensación de estar a salvo. Y necesitamos que los mecanismos de defensa se relajen para poder desarrollar nuestra humanidad.

Abraham Maslow, una persona importante e influyente de la psicología del siglo XX, nos dejó una descripción sobre las necesidades humanas. La conocida pirámide de Maslow.

Explica cómo para poder llegar a la plena potencialidad humana es necesario satisfacer una serie de necesidades que van desde lo físico a lo espiritual.

En la base de dichas necesidades están los aspectos fisiológicos, como la satisfacción del hambre o la sed; en el segundo escalón tenemos la necesidad de seguridad; en el tercero, las relaciones interpersonales; y, por último, las de autorrealización y trascendencia.

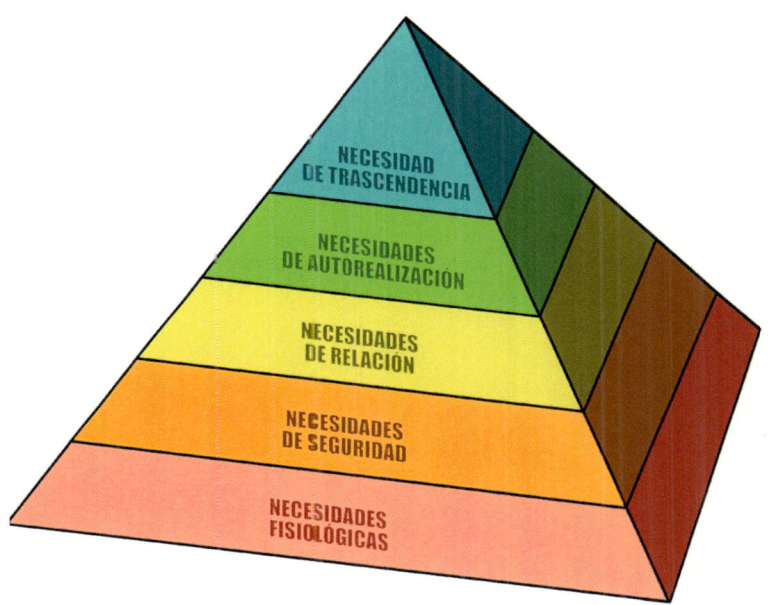

Cada escalón va sosteniendo el siguiente. Cuando uno de los escalones no está pleno, el siguiente no tiene un buen sostén.

Si esto lo trasladamos a la sociedad, en la actualidad los llamados países ricos tienen casi garantizadas las necesidades fisiológicas y de seguridad; por eso su ciudadanía puede dedicar tiempo a otro tipo de intereses: investigación, creación, recreación. Sin embargo, en los llamados países pobres, la ciudadanía ocupa gran parte de su tiempo en buscar los medios de subsistencia esencial, perpetuando y ampliando las diferencias de recursos que tiene cada país.

En los países que usan mejor sus recursos, las personas que los habitan se sienten más seguras y desarrollan otro tipo de potencialidades más difíciles de desarrollar en los países con menos progreso tecnológico y de seguridad.

RESPONSABILIDAD Y AYUDA: ¿DÓNDE ESTÁN LOS LÍMITES?

Prestar ayuda puede ser un asunto espinoso. Sugiero que nos imaginemos una línea muy fina sobre la que camina el acompañar/ayudar; si nos salimos de esta línea, hacia un lado caemos en la invasión de las libertades o la infantilización de la otra persona y, si caemos hacia el otro lado, lo hacemos en un territorio de abandono.

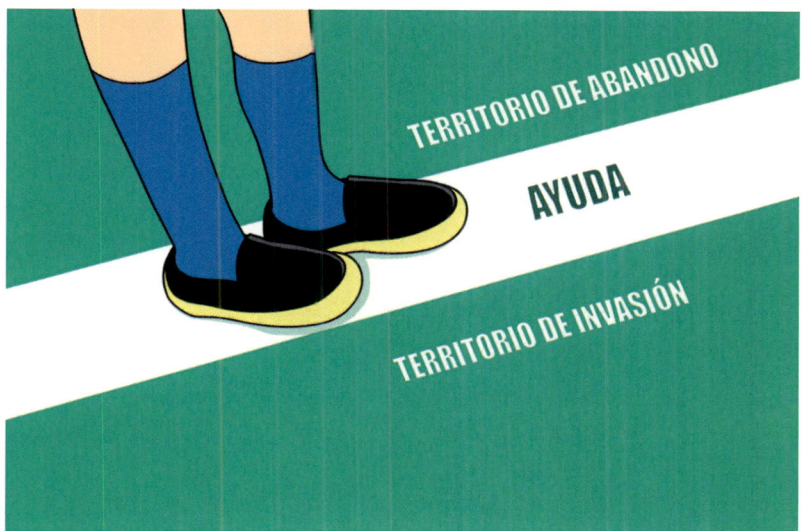

Si cada una se hace cargo de lo suyo, favorecemos el crecimiento de todas; por una parte descargamos a las demás y por otra ejercitamos nuestras capacidades y habilidades.

Si solo nos ocupamos de lo nuestro, desaprovechamos la ayuda de las demás y privamos a las otras personas de lo que podemos aportarles.

En las relaciones interpersonales, cada persona ha experimentado en mayor o menor medida la invasión, el apoyo o el abandono, con las respectivas consecuencias psicológicas y de adaptación que desplegamos ante esas circunstancias.

Cada persona adulta tiene mucho que ver en lo referente a su vida; de hecho, es la más interesada y afectada. Cada persona tiene poder, capacidad y todo el derecho de actuar sobre lo suyo.

La palabra *responsabilidad* suele asustarnos porque la tenemos directamente asociada a culpabilidad; sin embargo, en psicología la responsabilidad se refiere a asumir la gobernabilidad de nuestra vida, asumir los resultados y consecuencias de nuestras decisiones y actos. A la libertad y el derecho a tomar nuestras decisiones. Y a hacernos cargo de nosotras y de lo nuestro.

Es otro punto complejo porque la vida en comunidad supone mantener el equilibrio entre las necesidades, el respeto, la responsabilidad, la libertad y la ayuda, y con gran facilidad perdemos de vista los límites.

A continuación, una fábula que me parece ideal para entender que hacerse cargo de lo propio nos beneficia a todas las personas involucradas.

En el libro *Ser paz: el corazón de la comprensión,* Thich Nhat Hanh relata lo siguiente:

> Supongamos que somos amigos/amigas (de hecho, espero que lo seamos). Mi bienestar y felicidad dependen mucho de ti, y tu bienestar y felicidad dependen de mí. Yo soy responsable de ti y tú lo eres de mí. Sufrirás por cualquier mal que yo haga, y lo

mismo me sucederá cuando actúes así. Por tanto, para poder hacerme cargo de ti, es necesario que me haga cargo de mí mismo/mí misma.

En el Canon Pali hay un relato sobre un padre y una hija que actuaban en un circo. El padre se ponía una larga vara de bambú en la frente, y la hija subía en ella. Al hacer esto, la gente les daba dinero para comprar arroz y curri. Un día, el padre dijo a la hija: «Hija mía, tenemos que cuidar uno del otro. Tienes que atender a tu padre y yo haré lo mismo por ti, para estar protegidos. Nuestra actuación es muy peligrosa». Si ella caía, no podrían ganarse el sustento. Si la joven caía al suelo y se rompía una pierna, no tendrían alimento alguno. «Hija mía, debemos cuidar uno del otro para seguir ganándonos el sustento».

La hija era muy sabia; repuso: «Padre, debes decirlo así: "Cada uno de nosotros debe cuidar de sí mismo, para que podamos ganarnos el sustento". Si durante la actuación cuidas de ti, solo cuidas de ti. Serás muy estable, estarás muy alerta; eso me servirá. Y si cuando suba cuido de mí, subiré con cuidado y no permitiré que algo malo me suceda, eso te servirá. Es así como debes decirlo, padre. Cuida bien de ti, y yo cuidaré de mí. De esa forma podremos ganarnos el sustento».

Así que somos amigos/amigas y nuestra felicidad depende del otro. Según esta enseñanza, debo cuidar de mí y tú tienes que hacer lo propio. De esa forma nos ayudamos mutuamente; y esta es la percepción más correcta. Si me limito a decir: «No hagas esto, tienes que hacer lo otro», no cuido de mí, podré cometer muchos errores y eso de nada nos servirá. Tengo que cuidar de mí, sabiendo que soy responsable de tu felicidad, y si tú haces lo mismo, todo saldrá bien...

En esta otra, que trata sobre la ayuda, podemos ver como a veces, por el afán de ayudar, sin darnos cuenta dañamos.

Desconozco la autoría de esta fábula, la encontré en internet. Agradezco a quien la haya escrito.

Un día de primavera, un viajante descansaba tranquilamente al borde del camino bajo un árbol. Mirando la naturaleza que le rodeaba, observó cómo la oruga de una crisálida de mariposa intentaba abrirse paso a través de una pequeña abertura aparecida en el capullo. Estuvo largo rato contemplando cómo la mariposa iba esforzándose hasta que, de repente, pareció detenerse. Tal vez la mariposa —pensó aquel hombre— había llegado al límite de sus fuerzas y no conseguiría ir más lejos. Así que, decidido a ayudar a la mariposa, cogió unas tijeras de su mochila y ensanchó el orificio del capullo. La mariposa, de esta forma, salió fácilmente. Su cuerpo estaba blanquecino, era pequeño y tenía las alas aplastadas. El hombre, preocupado, continuó observándola esperando que, en cualquier momento, la mariposa abriera sus alas, las estirara y echara a volar. Pero pasó el tiempo y nada de eso ocurrió. La mariposa nunca voló, y las pocas horas que sobrevivió las pasó arrastrando lastimosamente su cuerpo débil y sus alas encogidas hasta que, finalmente, murió. Aquel caminante, cargado de buenas intenciones, con voluntad de ayudar y evitar el sufrimiento a la mariposa, no comprendió que el esfuerzo de aquel insecto para abrirse camino a través del capullo era absolutamente vital y necesario, pues esa era, precisamente, la manera que la naturaleza había dispuesto para que la circulación de su cuerpo llegara a las alas y estuviera lista para volar una vez hubiera salido al exterior.

Es muy fácil caer en la sobreprotección o en el abandono, lo más difícil es mantenerse en la ayuda o apoyo responsable.

En el cuento del patito feo (prefiero el patito diferente), antes de encontrar a los cisnes, este patito tiene que pasar por muchas situaciones donde la empatía y el cuidado brillan por su ausencia. Constantes situaciones de abandono y negligencia.

PARTE II
LAS PECERAS

ENTORNO, FAMILIA Y COMUNIDAD

Ningún organismo vive fuera de un entorno, es en el entorno o medio donde encontramos los recursos para satisfacer las necesidades de subsistencia. Como he mencionado en otros lugares de este mismo texto, las personas satisfacemos necesidades físicas y necesidades psicológicas.

En el entorno también nos encontramos con los peligros.

Las personas crecemos en entornos físicos y sociales. En los entornos sociales, las personas podemos ser para las otras personas amigas o enemigas, podemos ser de ayuda o ser la amenaza, podemos ser cooperantes o ser competidoras.

En las sociedades no *civilizadas*, gobierna la ley del más fuerte; en las llamadas *civilizadas*, se hace lo posible para gobernar con una serie de normas y leyes que garanticen los derechos de toda la ciudadanía. Unas normas que dan estructura a la convivencia y nos orientan sobre lo que está permitido y lo que no. Nos indican nuestros derechos y nuestras obligaciones.

Esto lo podemos trasladar al entorno de crianza y desarrollo; vamos a llamarlo *familia*.

Cuando hablo de esto, me gusta compararlo con una pecera. La pecera a la que llegamos cuando nacemos tiene unas condiciones previas, como el lugar geográfico (¿India, Noruega, Sudán, Palestina, Colombia, España…?), nacemos en un momento histórico (¿1939, 1950, 1975, 2010…?), llegamos a una familia formada por unas personas que llegaron antes que nosotras y que ya tienen organizada la pecera, la estructura familiar con las normas, responsabilidades y derechos a las que nosotras debemos adaptarnos. Hay muchas cosas que están dadas.

El origen de nuestra familia se remonta a muchos siglos atrás, cada generación de nuestra familia afrontó riesgos y realidades propias de cada momento histórico y contexto físico donde vivió y al parecer los superó; de no ser así, nosotras no estaríamos aquí.

Por lo tanto, cada familia con ese legado transgeneracional tiene una idea de cómo son y cómo deben ser las cosas, teme a unos peligros y tiene sus formas particulares de afrontarlos. Poniendo en marcha los elementos del esquema de la vulnerabilidad, cada familia encontró sus propias maneras para salir adelante, conjugando las necesidades que tuvo que resolver con los recursos de que disponía y las formas básicas de supervivencia, permanencia, huida, ataque, evitación o petición de ayuda.

La familia es nuestra pecera y la comunidad es la pecera de la familia, es decir, el barrio, el pueblo y las personas que lo habitan.

Siendo la familia nuestro entorno social, es con ella y con cada una de las personas que la conforman con quienes nos entrenamos antes de salir a la pecera exterior. Cada una de las relaciones que tenemos dentro de la familia condicionan nuestros temores y nuestra manera de adaptarnos a la otra pecera, al mundo exterior, ese que está fuera de la familia.

Las condiciones que nos encontramos en la familia favorecen la actitud que adoptamos frente al mundo.

Todas las personas nacemos con las mismas potencialidades para adoptar cualquiera de las actitudes; sin embargo, la respuesta del entorno nos moldea. Ninguna persona nace con una actitud sumisa o una actitud violenta, en la interacción con el entorno social próximo utilizamos diferentes respuestas y las que son eficaces para sobrevivir van quedando instauradas en nuestro repertorio de herramientas de adaptación a los entornos.

Venimos de épocas difíciles, en las que la urgencia por la supervivencia no daba tiempo a buscar soluciones eficientes. En un momento de urgencia —por ejemplo, huir de un depredador—, la solución que sirve es la que funciona, no media reflexión, pasamos directamente a la acción. Cada una hace lo mejor que sabe, cuidándose y cuidando como puede. Estas respuestas de urgencia quedan registradas en la memoria, en muchos casos convirtiéndose en las respuestas habituales para muchas situaciones similares. Cuanto más amenazante sea la situación, más fe tendremos en la respuesta que nos sirvió para salir de la urgencia aunque esa solución nos traiga otro tipo de problemas.

Hoy en día, al menos, en el Estado español, percibo un gran malestar que surge entre las hijas e hijos con sus padres y madres, porque se perciben muy diferentes. Las generaciones nacidas hasta 1997 han vivido en realidades sociales parecidas; sin embargo, las nacidas a partir de 1998 lo han hecho en medio de un gran salto tecnológico y en un estado de bienestar nunca antes experimentado. Las soluciones que fueron útiles para las personas mayores ya no sirven a las personas jóvenes, porque no están afrontando las mismas exigencias del medio. Lo que preocupaba antes ya no preocupa tanto. En el siglo pasado, los primeros escalones de la pirámide de Maslow no estaban garantizados y toda la familia trabajaba por satisfacerlas, quienes éramos hijas podíamos ver los grandes esfuerzos de quienes eran progenitoras para poder satisfacer el alimento y la seguridad. Hoy en día, la satisfacción de las necesidades de alimento, abrigo y techo está prácticamente resuelta por las personas mayores o por el Estado aunque todavía tengamos margen de mejora. Las generaciones de la juventud actual han iniciado su vida viendo como hay recursos suficientes no solo para satisfacer las necesidades básicas, sino también para satisfacer deseos y hasta caprichos. Desconocen ciertos esfuerzos porque no han tenido que vivirlos, inician su vida teniendo que resolver las necesidades de relación y de autorrealización unos escalones más arriba que las personas progenitoras. Es casi como si para la juventud actual los dos primeros escalones no existieran. En general, gran parte de sus problemas giran en torno a las relaciones interpersonales y a la autorrealización. Las personas más adultas saben mucho de trabajar duro, de esforzarse, de sacrificio; fueron sus condiciones y las de las personas que nos precedieron. La juventud de hoy está especializada en la autorrealización, la recreación, la creación, y cuestionan. El entorno ha cambiado para todas, las experiencias de unas y de otras son diferentes, a veces nos cuesta encontrarnos, pero unas y otras seguimos esforzándonos por conseguirlo.

Ahora que podemos, porque las necesidades básicas están menos estresadas que en épocas pasadas, tenemos la gran oportunidad de ubicarnos y mantenernos en la línea del apoyo, de la ayuda; podemos ver si la otra persona necesita ayuda y cuánta; tenemos mejores condiciones para no invadir y para no abandonar.

LAS EXPECTATIVAS Y
EL PRECIO DE DEFRAUDAR

Otras dos facultades que tenemos las personas son proyectar el futuro y anticipar acontecimientos. Podemos anticipar qué esperar, podemos hacernos ilusiones, podemos prever situaciones y reacciones. Surgen entonces las expectativas, en parte útiles para tener control sobre el entorno.

Entendiendo expectativa como esperar algo, es bien sabido que las personas también nos hacemos expectativas sobre las demás personas. Cuando la persona nace, ya le esperan unas cuantas expectativas, el mundo adulto que le precede ya tiene unas esperanzas puestas en ella, ya espera algo de la recién llegada.

Esperamos que las demás sean de una forma, esperamos que se comporten de determinada manera, pensamos por adelantado que actuarán de tal modo. Esto de las expectativas nos ahorra preocupaciones y recursos cognitivos, permitiéndonos tomar decisiones de antemano, dado que podemos hacernos una configuración del futuro. Muchas de esas expectativas se cumplen, pero, cuando no, nos encontramos frente a la sorpresa y casi siempre la frustración.

En un sinnúmero de veces no nos relacionamos con la persona que tenemos delante, sino con la expectativa que nos hemos hecho de ella. Y nosotras mismas no nos comportamos con autenticidad, sino que desempeñamos, como podemos, el papel que creemos (otra expectativa) que nos toca.

En este escenario de expectativas mutuas y frustración constante, nos agredimos las unas a las otras, nos castigamos, nos recriminamos, nos presionamos, nos molestamos, el entorno se convierte en un lugar hostil y poco amable, y dejamos de sentirnos a salvo. En estas circunstancias, muchas veces hemos pensado o nos han dicho que todo se ha enrarecido por nuestra culpa y que por ello nos van a dejar de querer.

Hemos llegado a la conclusión de que el amor tiene un precio, ser un poco menos nosotras y ser un poco más lo que se espera que seamos. En este marco, el riesgo de perder el favor de las demás, el peligro de que en lugar de tener personas que nos ayuden consigamos tener *enemigas* cambia el peso que les concedemos al autorrespeto y a las necesidades individuales.

Por ejemplo, en el área laboral, si nos llevamos bien con las compañeras de trabajo y las personas encargadas, el ambiente es agradable, pero, si por el contrario hay riesgo de no ser aprobadas, el ambiente se hace pesado y se corre el riesgo de un despido, afectando la base de la pirámide; la satisfacción de las necesidades fisiológicas se ve amenazada.

PARTE III
ASERTIVIDAD
MODELO DE LAS OCHO
ACTITUDES

MODELO DE LAS OCHO ACTITUDES

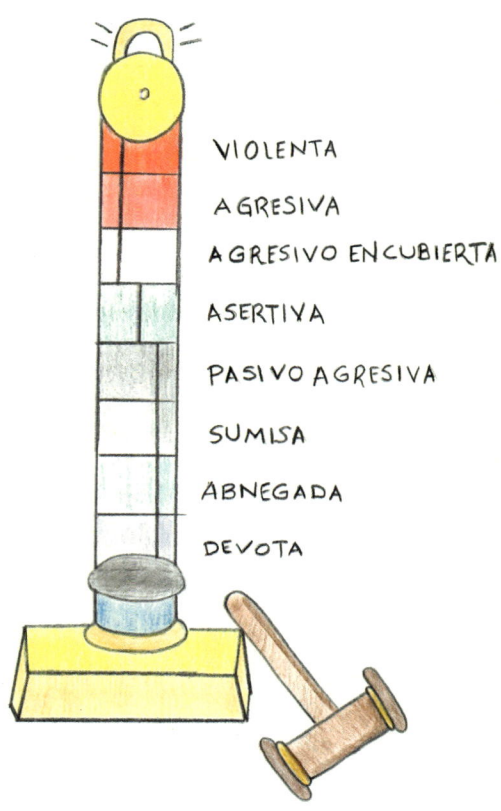

VIOLENTA

AGRESIVA

AGRESIVO ENCUBIERTA

ASERTIVA

PASIVO AGRESIVA

SUMISA

ABNEGADA

DEVOTA

La imagen que he elegido para representar mi modelo es un martillo de fuerza; es un artilugio que he visto en películas americanas, que consiste en usar la fuerza física para hacer subir el disco hasta la campana.

Para mí, un elemento importante en este modelo es **la fuerza**, el despliegue de poder que utilizamos en las relaciones interpersonales, en las transacciones con las demás. Relaciono cada actitud con la fuerza psicológica que empleamos, entendiendo fuerza como la capacidad de generar una tensión de empuje para movernos o una tensión de resistencia para frenar una fuerza que nos viene desde fuera.

A lo largo de la historia personal como humanas, hemos afrontado y resuelto nuestras situaciones particulares, nos las hemos ingeniado para solventar los conflictos que hemos atravesado en la pecera, quedando reforzadas las actitudes más útiles en ese contexto particular.

La suma de las **respuestas adaptativas** al medio ha ido configurando el estilo de respuestas. Entornos más competitivos favorecen actitudes de fuerza o de sumisión, entornos más colaborativos favorecen actitudes de respeto y ayuda.

El instinto de supervivencia evalúa si el entorno es seguro, si hay peligro o si hay amenaza de muerte y cuál es el tipo de afrontamiento más adecuado.

Otro de los aspectos que he tenido en cuenta en el desarrollo de este modelo es la **confianza**. Nótese que, en las actitudes que sitúo en la zona baja del martillo, las personas confían más en las otras que en sí mismas o en sus propios recursos. En las actitudes de la zona alta del martillo, hay mayor desconfianza y un componente de estar alerta o a la defensiva, se confía más en los propios recursos y en la propia capacidad de ataque. No olvidemos que estas actitudes han sido reforzadas en los entornos en los que hemos crecido.

Definamos **autoconcepto** como las ideas que tenemos de nosotras mismas; estas ideas son muy variadas, complejas y a veces contradictorias. Un error cognitivo que solemos tener es hablar de que somos de una determinada manera; planteado así, supone un concepto fijado, con poca elasticidad; sin embargo, a decir verdad, en cada momento estamos siendo, estamos siendo más sumisas, estamos siendo más asertivas, estamos siendo más violentas. Reitero, nuestro propio estilo, y las circunstancias del momento determinan como estamos siendo.

Algunas personas dicen «es que yo soy así»; a lo que creo que se refieren es a que sus comportamientos y respuestas están bastante fijados, comportamientos que les han sido adaptativos y que se han convertido en los privilegiados a la hora de responder al entorno. Dicho así, deja poca esperanza al cambio; afortunadamente, la especie humana se caracteriza por su capacidad de crecimiento y expansión.

ASERTIVIDAD

En general, queremos que las demás personas nos aprecien y nos traten con respeto, y las demás esperan lo mismo de nosotras, no solo para sentirnos seguras (necesidad psicológica), sino también para tener una convivencia armoniosa.

Sin embargo, con más frecuencia de la que nos gustaría, nos encontramos en situaciones en las que nos sentimos faltadas al respeto y con rabia por no haber sabido expresarnos o por no haber puesto límites claros. Otras veces nos cuestionamos si nosotras hemos sido irrespetuosas con la otra persona; sentimos que no hemos actuado bien o nos sentimos culpables por nuestro comportamiento.

La asertividad se refiere a tener una actitud en términos de respeto para con nosotras y para con las demás personas. Una actitud con la cual poder expresar de manera sincera, tranquila, sin ansiedad ni agresividad nuestros pensamientos, creencias y sentimientos. Asumir nuestra libertad y derecho de hacer, pensar y sentir a nuestra manera. Entender, respetar y asumir que la otra persona, igual que nosotras, tiene derecho a expresarse, tiene derecho a hacer, pensar, sentir a su manera.

La asertividad requiere una parte activa para regular la fuerza, una graduación que nos permita usar la fuerza suficiente y no quedarnos cortas (actitudes de la zona baja del martillo), dejando a las otras personas la libertad de hacer con nosotras lo que ellas convengan y para no sobrepasarnos (actitudes de la zona alta del martillo), siendo nosotras las que sobrepasamos los límites de las demás.

ALGUNOS IMPRESCINDIBLES PARA TENER UNA ACTITUD ASERTIVA

Tal como planteo la asertividad, esta está sustentada por algunas ideas fundamentales. Por lo tanto, me parece imprescindible reflexionar sobre ellas, pensarlas, saberlas y usarlas.

1. Saber a ciencia cierta, no tener ninguna duda de que todas las personas tenemos los mismos derechos; que, sea quien sea, **ninguna persona tiene más o menos derechos que ninguna otra.** Cuando hablo de derechos, no hablo de oportunidades ni de capacidades ni de privilegios; hablo de derechos, en términos de libertades y garantías.

   Desafortunadamente, aunque esta idea es completamente lógica, muchas personas no la comparten y en muchas ocasiones ni han llegado a pensar en ello.

2. Tener el pleno, total, **absoluto convencimiento de ser íntegramente respetable.** No hablo de ser admirable, hablo de ser respetable. No es lo mismo ser admirable que ser respetable. Podemos no sentir admiración por alguien, pero eso no significa que esa persona es menos digna de respeto, no significa que es de otra categoría inferior o superior como persona que nosotras.

De la misma manera, no despertar admiración no significa que somos menos dignas. Podemos sentir rechazo por alguien, o alguien puede sentir rechazo hacia nosotras; sin embargo, eso no es motivo para considerarle o considerarse menos persona.

3. La palabra *asertividad* viene del latín *asser tum*, que significa 'afirmar, sentirse firme, actuar con firmeza'. Se ha solido pensar que una persona con una actitud asertiva es la que siempre comunica con claridad lo que quiere, una persona que siempre se afirma frente a las demás. Mi planteamiento es que la actitud asertiva es mucho más que comunicar o ser firme.

    Tener una actitud asertiva conlleva saber qué es lo que quiero, necesito o deseo.

    Reconocer cómo es el entorno en el que estoy y si en él es posible conseguir lo que quiero/necesito o si es más inteligente o seguro buscarlo en otro lugar, con otras personas.

    Identificar si es conveniente comunicar o si es más sensato alejarse.

    Aunque, como mencionaba antes, la palabra *asertividad* viene de *afirmar*, también quiero hacer énfasis en el componente de acierto, en el sentido de atinar, **solucionar de una manera satisfactoria una situación.**

4. Vivir en una sociedad implica que constantemente nos cruzamos con otras personas, **tocando los límites las unas de las otras.** Realizamos muchas transacciones entre nosotras. En ese intercambio social, la actitud asertiva facilita que ambas partes queden satisfechas con cómo se ha resuelto el encuentro.

Saber que nuestras necesidades son importantes y como personas adultas somos responsables de resolverlas (y es lógico que velemos primero por ellas); sin embargo, no significa que tienen más importancia que las de las otras personas. Indudablemente, cada una es responsable de sí misma; lo que a veces perdemos de vista es la responsabilidad que tenemos en la sana convivencia y en la armonía de las relaciones que compartimos.

Sí, todas tenemos la misma dignidad, el mismo valor como personas. Las necesidades, deseos, gustos de cada una tienen la misma importancia. De lo contrario, crearemos un desequilibrio que dificulta la armonía, tendremos un caldo de cultivo para el resentimiento, los reproches, las venganzas. Mientras que no haya armonía en las relaciones, será imposible que haya armonía en el entorno.

LAS OCHO ACTITUDES

A continuación, hago una lista de las particularidades que observo en cada una de estas ocho actitudes.

Reitero que no adoptamos una actitud en exclusiva, solemos cambiar de actitud según la persona con quien tenemos el encuentro, según el asunto que tengamos que resolver, las necesidades que sentimos que están en juego y la actitud que se nos hace más fácil adoptar.

LAS ACTITUDES DEVOTA, ABNEGADA Y SUMISA

Actitudes muy parecidas entre ellas, se van diferenciando en el grado de atención que les prestamos a las necesidades propias.

- En cierta medida, respetamos los derechos de las demás personas, pero no los nuestros.
- Creemos que lo nuestro es menos importante.
- Les otorgamos a las otras personas una autoridad superior a la que nos otorgamos a nosotras mismas.
- Transferimos a las otras personas la responsabilidad de que decidan por nosotras, de hacerse cargo de la parte que nos corresponde en las diferentes situaciones.
- Nos ocupamos y preocupamos, en exceso, por gustar a las demás personas.
- Nos da miedo ser criticadas y/o rechazadas.
- Tratamos de no molestar a las demás personas.
- Creemos que no debemos importunar a las otras personas.
- Manifestamos comportamientos tímidos.
- Nos sentimos y mostramos inseguras, titubeantes, vacilantes.
- Nos incomoda o asusta mirar a los ojos.
- Nos coartamos en nuestros comportamientos.

- Sentimos que no nos comprenden, y en muchas ocasiones es así.

- Sentimos que abusan de nosotras, y en muchas ocasiones es así.

- Sentimos que no nos tienen en cuenta, y en muchas ocasiones es así.

- Ocupamos poco espacio, físico y psicológico; vivimos con estrechez, reprimimos o nos desensibilizamos de nuestras necesidades y sentimientos, con las consecuencias para la salud física que esto conlleva.

- Podemos tener explosiones de enfado, tristeza o ansiedad cuando ya no nos podemos reprimir más.

- No hacemos suficiente uso de nuestra capacidad, poder, potencia, agresividad (agresividad en términos psicológicos, no como sinónimo de violencia, sino de fuerza).

- Con frecuencia nos sentimos frustradas, impotentes, ansiosas, culpables, y normalizamos sentirnos así.

- Nos negamos el derecho a sentir y expresar el enfado y lo que nos molesta.

- Se nos dificulta saber y/o expresar lo que sentimos y lo que necesitamos.

- Se nos dificulta identificar dónde están los límites.

- Se nos dificulta poner límites.

PUNTUALIZACIONES

Como mencionaba antes, estas tres actitudes comparten características, que difieren en grado. Quiero hacer algunas puntualizaciones que me parecen importantes.

Con una **actitud devota**, tenemos una confianza ciega, absoluta e incuestionable en otra persona; damos por sentada su buena voluntad, por lo cual adoptamos una postura de entrega total, justificamos todas sus actitudes. Es una actitud fácil de ver en la infancia, cuando la persona menor confía plenamente en la persona adulta que ejerce la crianza. También en los fieles de alguna religión o grupo, donde la persona líder tiene una gran credibilidad para las demás. No suele mediar el pensamiento crítico y se suele buscar justificaciones a lo que hace la persona a quien le otorgamos el poder.

- Otorgamos a las otras personas una autoridad superior a la que nos otorgamos a nosotras mismas.

- Transferimos a las otras personas la responsabilidad de tomar nuestras decisiones, de hacerse cargo de la parte que nos corresponde en las diferentes situaciones.

Con una **actitud abnegada**, ser buena está por encima de todo, proveer bienestar a las demás es muy importante, supone la renuncia a nuestros derechos y deseos en pro de las otras personas. No se protesta, no se reivindica, se vive con resignación.

- Creemos que lo nuestro es menos importante.
- Tratamos de no molestar a las demás personas.
- Creemos que no debemos importunar a las otras personas.
- Sentimos que abusan de nosotras, y en muchas ocasiones es así.
- Sentimos que no nos tienen en cuenta, y en muchas ocasiones es así.
- Ocupamos poco espacio, físico y psicológico; vivimos con estrechez, reprimimos o nos desensibilizamos de nuestras necesidades y sentimientos, con las consecuencias para la salud física que esto conlleva.

- Nos negamos el derecho a sentir y expresar el enfado y lo que nos molesta.
- Se nos dificulta saber y/o expresar lo que sentimos y lo que necesitamos.
- Se nos dificulta identificar dónde están los límites.

Con una **actitud sumisa,** creemos que la otra persona tiene más capacidades que nosotras; por lo tanto, adoptamos sus normas y decisiones sin cuestionarlas, nos comportamos de manera obediente. Renunciamos a nuestra autonomía, cediendo a la otra persona el poder de tomar las decisiones que nos conciernen a nosotras.

- Otorgamos a las otras personas una autoridad superior a la que nos otorgamos a nosotras mismas.
- Transferimos a las otras personas la responsabilidad de tomar nuestras decisiones, de hacerse cargo de la parte que nos corresponde en las diferentes situaciones.
- No hacemos suficiente uso de nuestra capacidad, poder, potencia, agresividad (agresividad en términos psicológicos, no como sinónimo de violencia).
- Con frecuencia nos sentimos frustradas, impotentes, ansiosas, culpables, y normalizamos sentirnos así.
- Se nos dificulta identificar dónde están los límites.
- Se nos dificulta poner límites.

Estas tres actitudes conllevan intrínsecamente una postura en la que una de las personas está por debajo y la otra por encima. No se piensa en términos de igualdad de derechos y se priorizan los derechos de las otras personas. Como si dijésemos «**tú tienes derechos, yo no**». Supone una actitud pasiva, no usamos la suficiente fuerza para llegar a ser asertivas.

LA ACTITUD PASIVO-AGRESIVA

- Aunque somos más conscientes de nuestros deseos y necesidades, solemos reprimirlos, no actuamos de acuerdo con ellos.
- Usamos algunas estrategias para desahogar la frustración causada por no comportarnos en coherencia con nosotras; por ejemplo, refunfuñar, rumiar, sabotear, usar sarcasmos.
- No hablamos con la persona involucrada, sino que solemos quejarnos con otras cuando algo no nos satisface.
- Actuamos con cierta exigencia encubierta hacia las demás personas, porque creemos que les corresponde satisfacer nuestras necesidades.
- Cuando realmente necesitamos o queremos algo, no lo pedimos, sino que utilizamos la manipulación y/o el chantaje para conseguirlo.
- Solemos vivir con resentimiento.

Es una actitud en la que las necesidades y deseos propios están identificados, pero la satisfacción de las mismas se hace difícil, se suele temer las consecuencias de una petición clara y directa. Es como si esto supusiera un gran riesgo. La energía del organismo está disponible para resolver el encuentro, pero la persona ha aprendido a reprimirse, lo más seguro por las experiencias del pasado, adoptando una actitud más pasiva. Cuando las necesidades empujan y la capacidad de reprimir la energía colapsa, se desata la fuerza, aparecen las explosiones de enojo y se da un salto a la agresividad.

LA ACTITUD ASERTIVA

Un aspecto fundamental de la actitud asertiva es el respeto, el respeto para una misma y el respeto a la otra persona. Así pues, con una actitud asertiva:

- Reconocemos nuestros límites, nuestros deseos, nuestras necesidades, y hacemos lo posible por satisfacerlas.
- Sabemos que no vivimos solas y que las otras personas, al igual que nosotras, tienen derechos.
- Nos respetamos a nosotras mismas y respetamos a las otras personas.
- Nos comunicamos francamente.
- Sabemos que somos las únicas dueñas de nuestra vida, por lo que tenemos la única y máxima autoridad sobre ella.
- Sabemos que somos responsables de nuestros actos y de nuestras decisiones, y que estas tienen consecuencias, por lo que sabemos que **una parte de la situación depende de nosotras.**
- Sabemos que no tenemos por qué admitir faltas de respeto.
- Sabemos que equivocarse forma parte de la vida.
- Respetamos nuestras propias opiniones y las de las otras personas.
- Respetamos nuestros valores y los de las demás personas.

- Sabemos que nuestras necesidades y las necesidades de las otras personas son igual de importantes.
- Sabemos que cada persona experimenta sus propios sentimientos y que nadie tiene derecho a juzgarlos.
- Sabemos que se puede cambiar de opinión.
- Sabemos que se puede pensar antes de tomar decisiones.
- Sabemos que existen unos límites y que podemos elegirlos.
- Sabemos que tenemos derecho a ser independientes.
- Sabemos que somos dueñas de nuestro tiempo y de nuestro cuerpo.
- Sabemos que podemos escuchar consejos sin estar obligadas a seguirlos.
- Sabemos que podemos rechazar peticiones.
- Sabemos que podemos elegir estar solas o acompañadas.
- Sabemos que no somos responsables de las demás personas.
- Sabemos que podemos llevar nuestra vida sin justificarnos ante las otras personas.
- Sabemos que no es posible agradar a todo el mundo.
- Sabemos que tenemos derechos, sabemos que podemos y sabemos que somos capaces.

LA ACTITUD AGRESIVA ENCUBIERTA

- Reconocemos nuestros límites, nuestros deseos, nuestras necesidades, y hacemos lo posible por satisfacerlas, teniendo menos en cuenta a las otras personas.

- Nos comunicamos francamente, algunas veces de forma insensible con las otras personas.

- Sabemos que somos las únicas dueñas de nuestra vida, por lo que tenemos la única y máxima autoridad sobre ella. Sin embargo, nos cuesta ver que también es así para las otras personas, con lo cual nos tomamos ciertas atribuciones sobre la vida de las otras.

- Se nos dificulta asumir la responsabilidad afectiva con las otras personas.

- Sabemos que no tenemos que admitir faltas de respeto, pero nos cuesta ver que faltamos al respeto, directa o sutilmente, a las otras personas.

- Sabemos que equivocarse forma parte de la vida y se nos dificulta ser igual de comprensivas con las otras personas.

- Respetamos y defendemos nuestras propias opiniones, no tanto las de las otras personas, especialmente cuando estas son contrarias a las nuestras.

- Respetamos nuestros valores, no tanto los de las demás personas.

- Sabemos que nuestras necesidades son importantes, incluso creemos que importan más que las necesidades de las otras personas.

- Sabemos que cada persona experimenta sus propios sentimientos y que nadie tiene derecho a juzgarnos. Pero nos tomamos la libertad de juzgar los de las otras personas.

- Sabemos que podemos cambiar de opinión; sin embargo, nos molesta cuando los demás lo hacen y les damos su reprimenda intelectual.

- Sabemos que se puede pensar antes de tomar decisiones, a veces metemos prisa o presión a las demás para que tomen las suyas.

- Sabemos que existen unos límites y que podemos elegirlos. A veces nos molestan los límites que eligen las demás personas, sobre todo cuando no estamos de acuerdo con ellos.

- Sabemos que tenemos derecho a ser independientes, pero nos cuesta respetar la independencia de las otras.

- Sabemos que somos dueñas de nuestro tiempo y de nuestro cuerpo, y nos incomoda que las demás frustren nuestros deseos.

- Sabemos que podemos escuchar consejos sin estar obligadas a seguirlos. Nos molesta que la otra persona no siga los nuestros, sobre todo cuando creemos que es por su bien.

- Sabemos que podemos rechazar peticiones. Nos molesta que las demás rechacen las nuestras.

- Sabemos que podemos elegir estar solas o acompañadas.

- Sabemos que no somos responsables de las demás personas. Y creemos que las demás son egoístas cuando no prestan ayuda.

- Sabemos que podemos llevar nuestra vida sin justificarnos ante las otras personas, pero creemos que las otras nos deben una explicación aunque el asunto no nos concierna.

- Sabemos que no es posible agradar a todo el mundo. Tampoco nos importa no agradar, lo que más nos pesa es tener la sensación de autorrespeto.

Como podemos ver, la actitud agresiva encubierta tiene una gran similitud con la actitud asertiva. En esta actitud, la fuerza empleada en la satisfacción de nuestras necesidades y en la puesta de límites es algo mayor que en la actitud asertiva. Hay un componente sutil de imponer las ideas propias y de sentirse más capaz que las otras personas. Como si tuviéramos la sensación de que nosotras sabemos un poco más que las demás, como si en el fondo hubiera un aire de superioridad.

ACTITUD AGRESIVA

- Tenemos muy claro que tenemos derechos y los defendemos por encima de todo, no importa si es por encima de los derechos de las demás personas.
- Estamos a la defensiva, necesitamos defendernos y defender nuestros derechos, aun cuando no están siendo realmente amenazados, porque sentimos que siempre lo están.
- Solemos hablar con voz alta.
- Actuamos y hablamos de manera tajante.
- Nos cuesta escuchar a las demás personas.
- Hacemos uso del insulto.
- Hacemos uso de las amenazas.
- Solemos retar o intimidar con la mirada, con la postura corporal.
- Invadimos el espacio de las demás personas.
- Podemos llegar a maltratar a las demás.
- Sentimos que tenemos que luchar por lo que queremos o necesitamos.
- Somos honestas y no solemos sentir temor de expresarnos; esa honestidad en muchas ocasiones es brusca.
- Solemos llevar mal la frustración.
- Creemos que las demás personas no son de fiar.

- En bastantes ocasiones nos sentimos mal por habernos pasado.
- Podemos sentir remordimientos y culpabilidad.
- Tenemos reacciones desproporcionadas.

Esta es una actitud en la que el principal mecanismo de protección es el ataque, el combate cuerpo a cuerpo. Es bastante probable que, si indagamos en el pasado de las personas que adoptan esta actitud, encontremos que necesitaron aprender a usar la fuerza para salvaguardarse. Es una actitud que mantiene a raya a las demás personas, puede disuadir de agredir; sin embargo, también disuade de acercarse con buena voluntad. En el fondo de esta actitud, encontramos que se vive el entorno como amenazante a la vez que se confía en los recursos agresivos que se han desarrollado.

ACTITUD VIOLENTA

Según la Organización Mundial de la Salud, la violencia es «**el uso deliberado de la fuerza física o el poder, ya sea en grado de amenaza o efectivo, contra uno mismo, otra persona o un grupo o comunidad, que cause o tenga muchas probabilidades de causar: lesiones, muerte, daños psicológicos, trastornos del desarrollo o privaciones**».

Con la actitud violenta:

- Necesitamos tener todo el control, dominar.
- Herimos de manera intencionada.
- Nos otorgamos la única autoridad.
- No solemos tener remordimientos.
- No solemos controlar los impulsos.
- Culpamos a las demás de nuestro comportamiento.
- La ira es la emoción más presente en nuestra vida, como compensación al miedo a la vulnerabilidad.
- Agredimos físicamente, pegamos, empujamos, estrangulamos, tiramos de las orejas, pellizcamos, lanzamos objetos, rompemos cosas…
- No medimos la fuerza.
- Tenemos reacciones desproporcionadas en extremo.
- Humillamos y despreciamos.

- Deshumanizamos a las otras personas, es decir, creemos que no sienten, no sentimos empatía.
- Somos irritables.
- Tenemos poca paciencia.
- Explotamos con gran facilidad.
- No nos suelen importar las reglas.
- No soportamos sentirnos impotentes.
- Amenazamos, intimidamos.
- No pensamos y no nos importan las consecuencias de nuestros actos.
- Nos comportamos de manera fría, indiferente, hiriente.

Alcanzo a ver que hay actitudes puntuales de violencia en las que la furia se apodera temporalmente de una persona que habitualmente no usa la violencia. Me pregunto si esa violencia encubre un dolor o un miedo muy profundo. Me pregunto también cuánto dolor y miedo cargan las personas para quienes su actitud habitual es la violenta.

LAS OCHO ACTITUDES REFLEJADAS EN PERSONAJES

Tenemos tendencia a decir que una persona es de determinada manera y encasillarla, pero, si observamos con algo de detenimiento algún personaje, vemos como van variando las actitudes que adopta según va transcurriendo la situación, y a la vez vemos que una de las actitudes es la central.

Mencionaré a continuación algunos ejemplos; he considerado que no es necesario comentar algunos porque son bastante evidentes.

Actitud devota: Lancel Lannister, interpretado por Eugene Simon en *Juego de tronos*. Durante la serie presta su fidelidad a diferentes personas. En el episodio 4 de la temporada 5, rinde fidelidad a un grupo religioso y al Gorrión supremo, hasta tal punto que acepta de buen grado que le impongan una marca dolorosa en la frente.

Actitud abnegada: Stevens, mayordomo interpretado por Anthony Hopkins en la película *Lo que queda del día*.

Hacia la mitad de la película, durante una recepción sucede la muerte del padre de este hombre. La ama de llaves le avisa de lo que ha pasado y le pregunta si quiere subir a verlo:

—Ahora estoy muy ocupado, señorita Kenton. Dentro de un rato tal vez.

Más adelante le dice:

—Señorita Kenton, mi padre desearía que siguiera con mi trabajo, no puedo defraudarlo.

Continúa la recepción y uno de los asistentes le pregunta:

—¿Está usted bien?

—Sí, perfectamente.

—¿Está indispuesto?

—No, algo cansado tal vez.

En este ejemplo, el impacto de la noticia, sus propias emociones y sentimientos son quitados del primer plano para ocuparse de sus obligaciones. Lo suyo queda para después.

Actitud sumisa: Cenicienta, personaje de cuento.

Se ve especialmente cuando tiene que trabajar duro y encargarse de cocinar y limpiar para las hermanastras y ella obedece pacientemente.

Pablo Mármol, personaje de dibujos animados en *Los Picapiedra*. En muchos casos obedece lo que dice Pedro Picapiedra aunque sea una insensatez.

Actitud pasivo-agresiva: Claire Dunphy, interpretado por Julie Bowen en *Modern Family*. Con tal de no afrontar directamente a las demás personas, frecuentemente pone en marcha ideas peregrinas, que casi siempre la meten en mayores líos.

Actitud asertiva: señorita Kenton, ama de llaves interpretada por Emma Thompson en la película *Lo que queda del día*.

En una de las escenas, el mayordomo le pregunta a quién llamaba hace un rato, un tal William. William es el padre del mayordomo, un hombre ya mayor que ha sido mayordomo, pero que por la edad ahora solo puede ser ayuda de cámara en esta misma casa. El actual mayordomo le pide al ama de llaves, señorita Kenton, que cuando se dirija o se refiera a su padre lo haga como el señor Stevens o el señor Stevens padre. Ella le responde:

—No logro entender a dónde quiere llegar, señor Stevens. Soy el ama de llaves de esta casa y su padre es el ayuda de cámara. En otras casas estaba acostumbrada a llamar a mis subordinados por el nombre de pila…

—Señorita Kenton, si se parase a pensar un momento, comprendería lo inapropiado que es para alguien como usted dirigirse como William a alguien como mi padre.

—Estoy segura, señor Stevens, de que debe de haber sido muy humillante para su padre ser llamado William por alguien como yo…

—Señorita Kenton, yo solo digo que mi padre es una persona de quien, si fuera usted más observadora, podría aprender mucho.

—Le agradezco su consejo, señor Stevens, pero dígame qué grandes cosas podría aprender de su padre.

—Podría señalar que usted a menudo está poco segura de dónde va y qué es cada cosa.

—Seguro que el señor Stevens padre es muy bueno en su trabajo, pero le aseguro, señor Stevens, que yo lo soy en el mío.

—Desde luego…

—Gracias, y ahora, si puede usted disculparme… —Se retira de la habitación.

Es interesante ver como, a pesar de que se le nota el enfado, ella logra contenerse y ser diplomática sin dejar de afirmarse.

Muchas veces esta firmeza puede ser interpretada como altanería o con ser borde. Hay que tener en cuenta que no se trata de no enfadarse, sino de poder regular el enfado y mantenerse en una actitud de respeto mutuo.

Actitud agresiva encubierta: Cam, interpretado por Eric Allen Stonestreet en *Modern Family*.

Muchas personas de la clase política española en los debates parlamentarios.

Personas que participan en las tertulias de cotilleo y tertulias políticas en la televisión española.

Actitud agresiva: Gloria, interpretada por Sofía Vergara, en *Modern Family*.

Beth Dutton, interpretado por Kelly Reilly en la serie *Yellowstone* (muchas veces tiene una actitud violenta).

Actitud violenta: Hulk, personaje de películas y cómics.

Tony Soprano, personaje de la serie *Los Soprano*, interpretado por James Gandolfini.

ALGUNAS PREGUNTAS ÚTILES PARA HACERNOS UNA IDEA DE NUESTRA ACTITUD

Recuerda que las respuestas que te des a estas preguntas son una fotografía de cómo están las cosas, y las cosas están así como consecuencia de tu historia personal, deseo que no las uses como alimento de tu voz interior que critica y que no te autoagredas si no te gustan. Quisiera que puedas acogerlas amorosamente para que sean una oportunidad de ver dónde sanarte, fortalecerte y así sentirte mejor.

- ¿Cuánto y cómo ejerzo mis derechos personales?
- ¿Cuánto y cómo resguardo mis derechos personales?
- ¿Es fácil para mí decir «no»?
- ¿Puedo expresar mis desacuerdos con tranquilidad?
- ¿Soy capaz de dar una opinión contraria?
- ¿Puedo expresar sentimientos negativos?
- ¿Con qué frecuencia suelo justificarme?
- ¿Busco la perfección?
- Conmigo misma, ¿soy compresiva, exigente, implacable? ¿Con las demás?

- ¿Qué tan capaz soy de reconocer mis cualidades en tanto que mejores, iguales o inferiores que las de las otras personas?
- ¿Acepto que soy vulnerable, que me puedo romper? ¿Me permito vivirme vulnerable?
- ¿Tengo paciencia con los errores de las otras personas?
- ¿Me comporto de manera paternalista conmigo misma?
- ¿Me comporto de manera paternalista con las demás personas?
- ¿Me considero fuerte?
- ¿Cuánto me importan las demás personas?
- ¿Me considero una persona honesta?

¿POR QUÉ PARA ALGUNAS PERSONAS ES TAN DIFÍCIL ADOPTAR UNA ACTITUD ASERTIVA?

Si has leído hasta aquí, creo que ya tienes la respuesta a esta pregunta, pero a modo de resumen comparto lo siguiente.

Para nadie es desconocido que las relaciones interpersonales, incluso o más aún las relaciones de intimidad y cercanía, son complejas, que en ellas intervienen una cantidad de elementos o variables que determinan cómo nos relacionamos unas personas con otras.

Ingredientes psicológicos como la vulnerabilidad, las necesidades psicológicas de apoyo, seguridad, protección, afecto, aceptación, aprobación, el concepto que tenemos de nosotras mismas, la ignorancia de nuestros derechos, las creencias, los valores con los que hemos sido educadas, las normas sociales, el sentimiento de culpa, las luchas de poder, nuestra capacidad y entrenamiento en elegir y autodeterminarnos, la libertad propia y la de las demás personas, entre muchas otras cosas, intervienen en cómo cada persona adopta una actitud u otra. Complejo, ¿verdad?

Creo que es evidente que no es posible ser asertiva al cien por ciento en todas las circunstancias, creo que es evidente que nos movemos por todo el abanico de actitudes y que nos desenvolvemos mejor con una en particular. Con todo lo que hay en juego, no es raro sentir vértigo a la hora de querer afirmarnos; sin embargo, en la medida que podamos tener una actitud medianamente asertiva, nos ahorraríamos muchos conflictos internos (sufrimiento) y muchos problemas interpersonales (más sufrimiento).

Al igual que en la preparación de una receta de cocina donde la combinación de los ingredientes determina el resultado del plato, en la asertividad sucede lo mismo. Son muchos y variados los elementos existenciales que se combinan. Cada persona, debido a su historia personal, a las experiencias vividas, a la educación recibida, a las necesidades que afronta, los medios de que dispone, etc., ha adoptado preferentemente una de las actitudes de las que hablamos.

Teniendo en cuenta todos los elementos que se conjugan (seguro que me he dejado algunos o muchos), es fácil ver que tener una actitud asertiva es complejo; sin embargo, deseo que este material pueda servir para allanar el camino hacia una cada vez mayor asertividad, porque estoy convencida de que respetándonos y respetando a las otras personas haremos de nuestro entorno un mejor lugar para vivir, donde poder sentirnos a salvo.

COMO COLOFÓN

Este libro tomó gran impulso cuando compartí con algunas personas esta visión esquemática de la vulnerabilidad; una de ellas, Ana Santiago U=kijo, quien me mostró su gran entusiasmo con esta forma de mirarnos. Ella, con su gran creatividad, desarrolló una narración, la cual me ha autorizado a compartir aquí. Los elementos simbólicos que utiliza son los que teníamos a mano y que usamos para dibujar el esquema en ese momento, el cual con el tiempo ha tomado la forma que aparece en otro apartado de este texto.

DE TRIÁNGULOS, VULNERABILIDAD, PIEDRA Y PANELA.

Somos un triángulo
con nuestra vulnerabilidad,
con la piedra:
certeza de muerte y
con la dulzura y dureza de la panela:
nuestro espíritu de supervivencia.

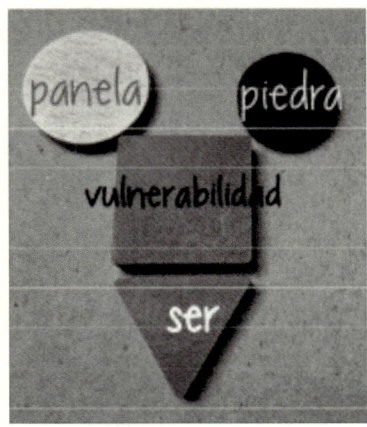

Nos apoyamos con otras triangulitas; con el apoyo de otras triangulitas, tenemos más equilibrio, mejora nuestra estabilidad.

Aunque... podríamos ser una cuadrada o... Con más base todo mejora.

Nos juntamos y creamos nuevas formas, crecemos realizando otras estructuras,

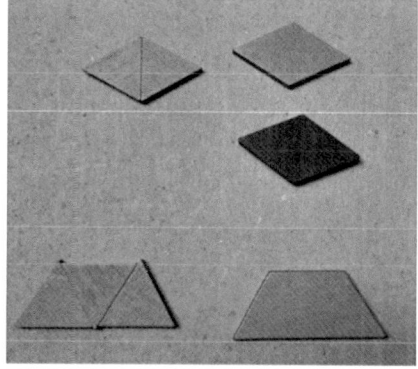

Sinergias

crecemos desarrollando la creatividad,

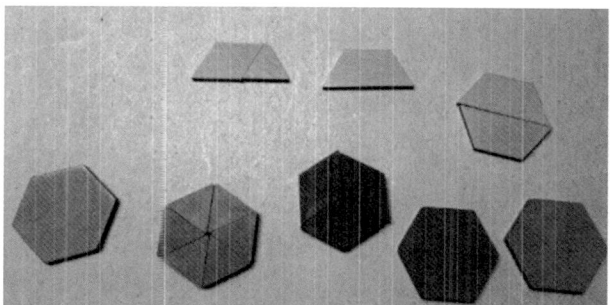

Creatividad colectiva

crecemos tejiendo redes. En este mundo podemos encontrar todas las piezas necesarias para crecer, crear y vivir. Incluso hay momentos para ordenarlas o no...

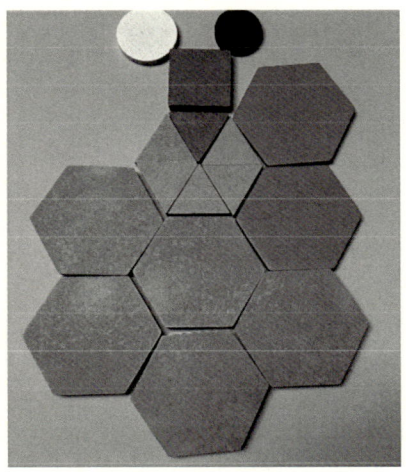

Nos cuidamos, autocuidado y a las demás, porque nos sabemos vulnerables. Vivimos con la piedra, a veces sobre nuestros hombros, a veces en el zapato, de la certeza de la muerte y además nuestro espíritu de supervivencia nos acerca la dulzura y la dureza de la vida; nuestras ganas de vivir son un pedacito de panela. El cordón protector que nos rodea es algo más que un símbolo, es saber si estoy dentro o fuera.

SOBRE MÍ Y ESTA OBRA

Quienes me conocen íntimamente saben que una de mis pasiones es tratar de entender la complejidad de la vida y de las personas; por ello leo sobre temas existenciales —a veces descubriendo a grandes pensadores y pensadoras—, libros maravillosos, teorías poco conocidas, sabidurías menos popularizadas; en fin, un mundo que me engancha y alimenta.

Suelo pensar mucho sobre todo ello y también suelo configurar todas esas reflexiones con mi propio estilo de pensamiento y las imágenes que me vienen a la mente. Me encanta poner palabras e imágenes a lo complejo y me encanta cuando mis palabras son de ayuda para entender e inspiración para otras personas.

Bastantes de estas reflexiones-teorías solo las comparto en mis círculos más cercanos a causa de la timidez que siento al enseñar esta faceta mía. Unas pocas de estas reflexiones han tomado la forma de artículos publicados en la página web de la consulta, otras no han salido de la carpeta de archivos de mi ordenador.

Con este libro no ha sido así. Este libro es fruto de un gran impulso, que me ha ayudado a pasar por encima de la vergüenza y el miedo a la crítica. Ha sido alimentado por cada una de las personas con las que trabajo y he trabajado. Cada trabajo personal ha aportado algo, cada tema tratado me ha

ayudado a clarificar elementos. Qué privilegio y honor conocer tantas vidas.

Ojalá que la lectura te sea tan amena como ha sido para mí
escribirlo y, si te ha gustado lo que has leído y te parece útil, por
favor, ayúdame a darlo a conocer.

Sinceramente,
Gloria Gómez Aranzazu

REFERENCIAS BIBLIOGRÁFICAS

Abrams, Jeremiah. *Recuperar el niño interior.*

Adler, Alfred. *Teoría motivacional.*

Alberoni, Francesco. *Enamoramiento y amor.*

Ambrosio F. Emilio y Cols. *Fundamentos biológicos de la conducta.*

Balint, Michael. *La falta básica.*

Becker, Ernest. *La negación de la muerte.*

Belloch, Amparo. Sandín, Bonifacio. Ramos, Francisco. *Manual de psicopatología volumen I.*

Belloch, Amparo. Sandín, Bonifacio. Ramos, Francisco. *Manual de psicopatología volumen II.*

Bergman, Joel S. *Pescando barracudas.*

Berne, Eric. *Juegos en que participamos.*

Bisso, Elena B. *Para una lógica constitutiva de la vergüenza ajena* (artículo).

Bonet, José Vicente. *Sé amigo de ti mismo.*

Bowlby, John. *Una base segura.*

Bowlby John. *Cuidados maternos y salud mental.*

Buber, Martin. *Yo y tú.*

Cárdenas M. Luz G. Ricoeur, Paul. *Vivir en y con otros, pasiones y sentimientos morales.*

Caseres B. Rocío. Serrano, Francisco J. *El valor moral de la vergüenza* (artículo).

Castanyer, Olga. *La asertividad expresión de una sana autoestima.*

Cruz, Heriberto. *Curso asertividad práctica.*

Cylurnik, Boris. *Morirse de vergüenza, el miedo a la mirada del otro.*

Cylurnik, Boris. *Los patitos feos.*

DYER W. Wayne. *Tus zonas erróneas. Guía para combatir las causas de la infelicidad.*

Forward Susan. *Cuando el amor es odio.*

Grieger, Rusell. Ellis Albert. *Manual de terapia racional emotiva.*

Grinberg, Leon. Grinberg Rebeca. *Identidad y cambio.*

Janov, Arthur. *El grito primal.*

Kierkegaard, Soren. *Temor y temblor.*

Lagarde, Marcela. *Claves feministas para la autoestima de las mujeres.*

Laing, Ronald, Aaron Esterson. *Cordura, locura y familia.*

Laing, Ronald. *El yo dividido.*

Maltz, Maxwell. *Psicología del poder de la imagen de sí mismo.*

Martín D. José Luis. *Razones para la alegría.*

Martín D. José Luis. *Razones para la esperanza.*

Maslow, Abraham. *Motivación y personalidad.*

Maslow, Abraham. *La personalidad creadora.*

Maslow, Abraham. *El hombre autorrealizado.*

Mello, Anthony de. *Despierta.*

Miller, Alice. *Salvar tu vida.*

Neff, Kristin. *Ser amable contigo mismo.*

Nhat Hanh, Thich. *El corazón de la comprensión.*

Orange, Donna. *El desconocido que sufre.*

Perls, Fritz. *Sueños y existencia (Gestalt Therapy Verbatim).*

Perls, Fritz. Hefferline Ralph F. Goodman Paul. *Terapia Gestalt: excitación y crecimiento de la personalidad humana.*

Piaget, Jean. *Seis estudios de psicología.*

Piotr, Kropotkin. *El apoyo mutuo.*

Porges, W. Stephen. *Guía de bolsillo de la teoría polivagal.*

Procter, Harry. *El sistema de constructos personales.*

Riso, Walter. *Para no dejarse manipular y ser asertivo.*

Ruiz, Miguel. *Los cuatro acuerdos.*

Ruiz, José. *El quinto acuerdo: una guía práctica para la maestría personal.*

Safranski, Rudiger. *El mal o el drama de la libertad.*

Savater, Fernando. *Ética para Amador.*

Stahl, Stephen M. *Psicofarmacología esencial de Stahl. Bases neurocientíficas y aplicaciones prácticas.*

Tarpy, Roger. *Aprendizaje: teoría e investigación contemporáneas.*

Tillich, Paul. *El coraje de existir.*

Tolle, Eckhart. *El poder del ahora.*

Van der Kolk, Besell. *El cuerpo lleva la cuenta: mente y cuerpo en la sanación del trauma* (Spanish Edition).

Vázquez Bandín, Carmen. *Sin ti no puedo ser yo.*

Vázquez Bandín, Carmen. *Crecer… y seguimos creciendo. Esbozo para una teoría gestáltica del desarrollo.*

Watzlawick, Paul. *El arte de amargarse la vida* (Spanish Edition).

Yalom, Irvin D. *Psicoterapia existencial.*